Versicherungen für Einsteiger

Wie Sie im Versicherungsdschungel den Überblick behalten, die für Sie wichtigsten Versicherungen herausfinden und teure Fehler sicher umgehen

Thomas Gelder

Alle Ratschläge in diesem Buch wurden vom Autor und vom Verlag sorgfältig erwogen und geprüft. Eine Garantie kann dennoch nicht übernommen werden. Eine Haftung des Autors beziehungsweise des Verlags für jegliche Personen-, Sach- und Vermögensschäden ist daher ausgeschlossen.

INHALT

Das erwartet Sie in diesem Buch

Versicherungen sind für Sie ein Buch mit sieben Siegeln? Schon beim Gedanken an schmierige Vertreter bekommen Sie ein ungutes Gefühl? Ihre Versicherungsunterlagen fristen ein Dasein in einem Karton oder einer Schublade, unsortiert, versteht sich? Sie haben keine Ahnung von dem Kauderwelsch, aus dem die Briefe bestehen, die Ihnen Ihre Versicherungen regelmäßig ins Haus schicken? Sie hoffen, dass schon alles gut ist, und bezahlen brav Ihre Beiträge, auf dass jeder

Schadensfall an Ihnen vorüberziehe? Wenn Sie einer oder mehrerer dieser Aussagen zumindest eine leise Zustimmung gegeben haben, dann sind Sie hier richtig. Deutschland ist das Land der Überversicherten und trotz relativ hohem Einkommen eines der Länder mit dem niedrigsten Vermögen der Privathaushalte. Das liegt vor allem daran, dass finanzielle Bildung ein seltenes Gut ist.

Wo häufig Meinungen vorherrschen wie „über Geld spricht man nicht", kann gar keine umfassende finanzielle Bildung entstehen. Deshalb gibt es diesen Ratgeber. Gemeinsam wollen wir versuchen, das Thema Versicherungen vom Groben ins Feine zu beleuchten. Dabei werden Sie sowohl allgemeine fachliche Zusammenhänge kennen lernen – was haben Phönizische Seehändler mit Versicherungen zu tun? -, detaillierte Hintergründe zu einzelnen Versicherungsarten erfahren – Wie berechnen Sie Ihre Erwerbsminderungsrente? - und schließlich systematisch Ihre Absicherungssituation durchgehen.

Sie erhalten Einblicke in für Laien schwer recherchierbares Wissen, denn nur so hat die Versicherungsbranche in der Vergangenheit Geld verdient. Doch in einer Informationsgesellschaft tut

Kommunikation auf Augenhöhe dringend Not. Sie sollen deshalb aus möglichst unvoreingenommener Position das Thema Versicherungen kennen lernen. Deshalb wollen wir uns den einzelnen Versicherungsprodukten mit ihren Vor- und Nachteilen widmen. Dabei werden Ihnen Aussagen begegnen, die sowohl Verbraucherschützer als auch Versicherungsvertreter zumindest zu deutlichem Kopfschütteln verleiten, denn wie immer liegt die Wahrheit irgendwo dazwischen.

Wichtig ist jedoch, dass Sie zu einer unabhängigen Meinung kommen, die auf konkretem Wissen beruht, und dazu werden Sie nach diesem Buch in der Lage sein.

THOMAS GELDER

Die Privaten Versicherungen

Versicherungen können ein unangenehmes und für den Laien vor allem komplexes Thema sein. Wollen Sie sich mithilfe dieses Ratgebers einen Überblick über Ihre Versicherungssituation verschaffen, einzelne Verträge neu bewerten, sich von überflüssigen trennen und gegebenenfalls sinnvolle neue abschließen, ist es sinnvoll, dass Sie sich einen grundlegenden Überblick über die Thematik verschaffen. Dazu wollen wir zunächst einige Begriffe einführen, sozusagen ein Vokabular anzulegen. In diesem Ratgeber widmen wir uns den privaten Versicherungen. Das bedeutet, all diejenigen Versicherungen, die als Vertrag zwischen privatwirtschaftlich auftretenden Parteien zustande kommen. Dabei gibt es im Allgemeinen zwei maßgebliche Parteien: Den Versicherer, meist ein Unternehmen, und den Versicherungsnehmer.

Hinzu kommt in einigen Versicherungen die versicherte Person, diese kann (und ist es nicht selten) mit dem Versicherungsnehmer identisch sein. Außerdem kennt jede Versicherung ein versichertes Risiko, also etwas, das passieren muss, damit der Versicherungsfall eintritt.

DAS PRINZIP „VERSICHERUNG"

Der Begriff Versicherung ist häufig negativ konnotiert. Aussagen wie „die zahlen eh nicht", „die wollen nur mein Geld", etc. sind nicht selten zu hören, wenn dieses Thema zur Sprache kommt. Dabei ist der Grundgedanke hinter dem Prinzip Versicherung einer, den die allermeisten Menschen als positiv bewerten würden: Viele Menschen haben ein bestimmtes, ähnliches Risiko zu tragen. Dieses könnte zum Beispiel sein, dass ihr Haus durch ein Feuer zerstört wird. Gleichzeitig sind alle diese Menschen nicht ohne Weiteres in der Lage, die Folgen des eingetretenen Schadens aus eigener finanzieller Kraft zu tragen, also sich ein neues Haus zu kaufen oder das zerstörte zu reparieren. Nun ist ihnen aufgefallen, dass ungeachtet aller Vorsichtsmaßnahmen regelmäßig die gleiche Anzahl von Hausbränden passiert, und zwar zufällig verteilt. Sie überlegen sich Folgendes: Wenn sie sich alle zusammentun und einen regelmäßigen Beitrag in ein gemeinsames „Risikoguthaben" einzahlen, dann kann jeweils derjenige, der gerade von dem Risiko betroffen ist, aus diesem Guthaben entschädigt werden. Jeder der Teilnehmer an diesem System hat so die Gewissheit, dass er sich das Risiko des Hausbrandes mit anderen Hausbesitzern teilt und dass diese Risikogemeinschaft auch seinen Schaden trägt.

Damit ist im Grunde das Prinzip der Versicherung erklärt: Viele Einzelrisiken, die ihrer Art und ihrer statistischen Wahrscheinlichkeit nach vergleichbar sind, werden zu einem sogenannten Kollektiv zusammengefasst. Mit den Einnahmen aus den Prämien, also den Versicherungsbeiträgen, sowie den Erträgen, die mit dem Guthaben erwirtschaftet werden, kann die Versicherung nun Schadensfälle, die in ihren Bedingungen genau definiert sind, regulieren. Dieses System ist einer der ältesten Wirtschaftsmechanismen der modernen Zivilisation: Bereits 3000 v. Chr. schlossen sich phönizische Seehändler zu solchen Risikogemeinschaften zusammen und finanzierten so verlorene Schiffe und deren Ladungen. Ab dem späten Mittelalter tauchen dann in Europa die ersten modernen Versicherungen für Privatleute auf, die sogenannten Brand- und Feuergilden, ganz nach dem oben beschriebenen Beispiel und als direkte Vorgänger heutiger Versicherungsgesellschaften.

Hieraus ergeben sich auch die rechnerischen Grundlagen für jede Versicherung, von denen vor allem die Prämie, also der Beitrag, den Sie zahlen, abhängt. Da ist einerseits die Größe des Risikos. Häuser sind üblicherweise deutlich mehr wert als Autos, weswegen die absolute Höhe des einzelnen Schadens in der Wohngebäudeversicherung deutlich höher ist als in der KFZ-Kasko. Andererseits ist die Wahrscheinlichkeit, dass es im Straßenverkehr zum Unfall kommt, sehr viel höher, verglichen mit der Wahrscheinlichkeit eines hohen Schadens an einem

Wohngebäude. So kommt es, dass Wohngebäude- und KFZ-Versicherung nicht selten größenordnungsmäßig mit einer ähnlichen Jahresprämie zu Buche schlagen.

Dabei setzt sich eine Versicherungsprämie immer aus drei Grundbestandteilen zusammen: Ein Kostenanteil, mit dem bezahlt wird, dass es die Versicherung überhaupt gibt: Verwaltung, Kundenservice und Beratung sind üblicherweise darin enthalten. Der zweite wichtige Bestandteil ist der Risikoanteil. Dieser entspricht dem statistisch berechneten Anteil, mit dem Sie das geteilte Risiko des Risikokollektivs mittragen. Darüber hinaus haben einige Versicherungen einen Sparanteil. Dieser wird angesammelt und vermehrt, um für Ihre Leistungen aufzukommen, und/oder steht nach Ablauf der Versicherung ohne Leistungsfall wieder zu ihrer Verfügung.

Wenn Sie sich das nächste Mal fragen, warum eine Versicherung nicht leistet, versuchen sie, den Standpunkt des Versicherers einzunehmen: Sie haben die Aufgabe, die eingezahlten Prämien aller so einzusetzen, dass das Kollektiv geschützt ist. Dazu muss ein Schadensfall bestimmte, festgeschriebene

Bedingungen erfüllen. Nehmen Sie es damit zu locker, reicht die vorberechnete Prämie nicht, um alle Schadensfälle zu begleichen, und Sie müssen Ihren Kunden erklären, wieso die Prämie unverhältnismäßig steigt. Sie sehen: Eine strenge Regulierungspraxis ist nicht unbedingt ein Zeichen von fehlender Kundenfreundlichkeit. Denn es sind auch Ihre Beiträge, die der Versicherer so vor einer Verwendung schützt, die nicht in Ihrem Sinne sein dürfte.

Rein statistisch ist im Übrigen von nicht zahlenden Versicherern wenig zu sehen. Allein in den Schadenversicherungen leisteten die Deutschen Versicherer 2019 über 53 Mrd. € in rund 23 Mio. Schadenfällen.[1] Das soll natürlich keinesfalls ein einseitiger Werbeblock für Versicherungen im Generellen sein. Vielmehr betrachten Sie demnächst Versicherungen aber vielleicht etwas differenzierter, nämlich als ein Finanzwerkzeug. So wie es gute Versicherungen gibt, gibt es schlechte, vor allem aber gibt es geeignete und ungeeignete für Ihre persönlichen Anwendungsfälle. Nachdem wir uns die Versicherungen im Allgemeinen angesehen haben, wollen wir

---

[1] Statistisches Taschenbuch der Versicherungswirtschaft 2020, Hrsg. GDV

nun einen Blick auf die verschiedenen Versiche-rungsarten und ihre besonderen Merkmale werfen. Dabei werden die Privaten Versicherungen in drei Übergruppen aufgeteilt:

* Die Sach- und Schadenversicherungen, zu denen auch die Unfallversicherung gehört,
* Die Krankenversicherung, einschließlich der Pflege- und Krankenzusatzversicherung, sowie
* Die Lebensversicherung, zu der auch die Berufsun-fähigkeits- und Rentenversicherung zählt.

SACH- UND SCHADENVERSICHERUNGEN

Sach- und Schadenversicherungen haben gemein-sam, dass Ihr Schadenfall dann eintritt, wenn eine versicherte Sache durch ein versichertes Risiko ei-nen Schaden nimmt. Ihr Zweck ist es, den entstande-nen Schaden durch eine Geldzahlung zu kompensie-ren, um im Idealfall den Zustand ohne den Schaden wiederherzustellen. Gängige Vertreter ihrer Art sind die Haftpflichtversicherungen, die KFZ-, Hausrat- und Wohngebäudeversicherung sowie die Recht–

schutz- und Unfallversicherung. Dabei unterscheiden sich die Haftpflichtversicherungen von den Übrigen dadurch, wem der eigentliche Schaden entsteht, nämlich niemals dem Versicherungsnehmer. Sie leisten für Schäden, die der Versicherungsnehmer unfreiwillig verursacht und für die er von einer weiteren Person verantwortlich und vor allem haftbar gemacht wird. Am einfachsten ist dies an der KFZ-Haftpflicht zu sehen: Sie sind beim Einparken unachtsam und rempeln ein neben Ihnen parkendes Auto an. Den Schaden hat nun der Besitzer des anderen Autos, jedoch müssen Sie selbstverständlich dafür aufkommen. Sie können das natürlich aus eigener Tasche tun, jedoch kann das ihrem Geldbeutel empfindlich wehtun. Also wird ihre KFZ-Haftpflicht den Schaden am anderen Auto ersetzten, abzüglich ihrer vereinbarten Selbstbeteiligung.

Gleiches geschieht in der Privathaftpflicht, wenn Sie bei einem Bekannten eine teure Vase versehentlich umstoßen oder in der Hundehalterhaftpflicht, wenn Ihr Hund die Nachbarskatze verletzt und so Tierarztkosten entstehen. Zusammengefasst können wir also sagen, die Haftpflichtversicherung schützt Sie vor fremden Haftungsansprüchen, denen

Sie sich sonst in unbegrenzter Höhe ausgesetzt sehen würden. Zusätzlich erfüllt die Haftpflichtversicherung eine weitere Funktion: Sie wehrt unberechtigte Ansprüche gegen Sie ab. Das bedeutet, der Versicherer prüft zunächst, ob der Schuldvorwurf gegen Sie auch rechtens ist, und wird im Zweifelsfall versuchen, diesen mit rechtlichen Mitteln abzuwehren, bevor er den Schaden begleichen muss.

In den übrigen Schadenversicherungen geht es darum, dass der Schaden Ihnen als Versicherungsnehmer entstanden ist, Sie ihn aber womöglich nicht ohne Weiteres ersetzten oder beheben können. In der Hausratversicherung könnte zum Beispiel eine Kerze bei Tisch umfallen und so einen Brand in Gang setzen, der Ihr Wohnzimmerinventar schwer beschädigt.

Möglicherweise entsteht durch einen Wasserrohrbruch im Haus ein Schimmelbefall in Ihrem Kleiderschrank oder es wird bei Ihnen eingebrochen, dann ersetzt die Hausratversicherung nicht nur das Diebesgut, sondern auch die beim Einbruch entstandenen Schäden. Ähnlich funktioniert es in der Wohngebäudeversicherung, nur das hier nicht das Inventar, sondern, wie der Name vermuten lässt,

Schäden am Gebäude abgesichert werden. Zu den wichtigen Schadenarten gehören:

- Feuer
- Einbruchdiebstahl
- Leitungswasser
- Sturm/Hagel

Diese sind in jeder Hausrat- bzw. Wohngebäudeversicherung enthalten, wobei weitere Schadenarten hinzukommen können.

Ebenfalls nach diesem Prinzip funktionieren die KFZ-Kaskoversicherungen. Sie leisten für Schäden, die an Ihrem Auto entstehen. Dabei wird zwischen der Teilkasko unterschieden, die nur für Schäden aufkommt, die Sie selbst nicht verschuldet haben, und der Vollkasko, die sogar eigenverschuldete Schäden am eigenen Fahrzeug einschließt. Typische Teilkaskoschäden entstehen dabei durch die gleichen Ursachen wie in der Hausrat- und Wohngebäudeversicherung: Ein Ast bricht bei einem schweren Sturm von einem Baum ab und beschädigt Ihr darunter geparktes Auto. Durch einen technischen Defekt kommt es zu einem Brand oder Ihr Auto wird aufgebrochen und gestohlen. Zusätzlich deckt die Teil- und Vollkasko auch Schäden ab, die beim Zusammenstoß mit Wildtieren entstehen.

In der Rechtschutzversicherung entsteht der Schaden nicht an einem materiellen Gut, sondern an einem immateriellen, nämlich Ihrem Recht. Dabei ist Ihnen ein Unrecht widerfahren, und Sie wollen nun dagegen vorgehen. Beispielsweise hat Ihr Arbeitgeber Ihnen gekündigt und Sie wollen dies nicht hinnehmen. Oder Sie haben ein gebrauchtes Auto gekauft, das nun gewährleistungspflichtige Mängel aufweist, die der Verkäufer aber nicht anerkennen will. Hier übernimmt eine Rechtschutzversicherung die Kosten für Rechtsberatung, Anwalts- und Gerichtskosten bis hin zu den entstehenden Kosten, falls Sie doch unterliegen sollten.

Bei der Unfallversicherung werden einzelne Körperteile als Sache betrachtet. Verlieren Sie einen Fuß, leistet die Unfallversicherung eine bestimmte Summe, für ein Bein eine höhere, für einen kleinen Finger wahrscheinlich eine geringere. Diese Werte stehen in einer sogenannten Gliedertaxe, einer Tabelle, anhand derer jedem Körperteil beziehungsweise dessen dauerhaftem Verlust der Funktion ein bestimmter prozentualer Wert, der Invaliditätsgrad, zugeteilt wird. Dieser Wert wird dann mit einem Maximalbetrag, der Invaliditätssumme, verrechnet. Nun kommt die sogenannte Progression ins Spiel.

Sie führt dazu, dass die Leistung der Versicherung nicht mehr linear ansteigt. Konkret bedeutet das: Bei hohen Invaliditätsgraden leistet die Versicherung auch hohe Entschädigungen, bei niedrigen Graden jedoch im Verhältnis dazu deutlich geringere. So kann der Versicherungsschutz besser auf Ihren Bedarf zugeschnitten werden und gleichzeitig die Prämie verhältnismäßig bezahlbar sein. Ein Beispiel:

Sie haben eine Invaliditätssumme von 300.000 € vereinbart. Nun verlieren Sie (Rechtshänder) durch einen Unfall im Haushalt Ringfinger und kleinen Finger der linken Hand, beide mit 10 % Invaliditätsgrad laut Gliedertaxe. Dies ist mit Sicherheit nicht wünschenswert, doch selbst ohne diese beiden Finger werden die allermeisten Menschen ein einigermaßen normales Leben führen können. Gleichzeitig würde die Unfallversicherung jedoch schon 60.000 € ausschütten (zweimal 10 % von 300.000 €), was für die meisten Menschen für den Verlust von zwei weniger wichtigen Fingern doch fast unverhältnismäßig hoch erscheint. Haben Sie eine Progression vereinbart, wird diese mit der Invaliditätssumme verrechnet, und zwar abhängig vom Invaliditätsgrad. So leistet eine Unfallversicherung mit einer Grundsumme von 100.000 € und einer Progression von 300 % bei Vollinvalidität (100 % Invaliditätsgrad laut Gliedertaxe, z.B. Verlust beider Beine) zwar ebenfalls 300.000 €, bei dem oben beschriebenen Fall jedoch nur 20.000 €, was dem Schaden an Ihrem Körper und der dadurch entstandenen dauerhaften Beeinträchtigung wahrscheinlich deutlich eher angemessen ist.

Für die Leistung einer Unfallversicherung ist ausschlaggebend, dass der Schaden ein Unfall ist, was anhand von vier Kriterien bewertet wird: Er muss

1. Plötzlich
2. Unfreiwillig
3. Von außen
4. Auf den Körper einwirken.

Sind diese Kriterien erfüllt, gilt das Schadenereignis als Unfall und die Versicherung leistet in Form einer einmaligen Zahlung. Zusätzlich können Unfallrenten ab bestimmten Invaliditätsgraden vereinbart werden und sogar eine Todesfallsumme abgesichert werden. Dabei ist im Allgemeinen unerheblich, inwieweit sie an dem Unfall schuld sind. Selbst wenn Sie sich beim Skifahren maßlos überschätzen und sich beim Versuch, als blutiger Anfänger die Schwarze Piste zu bezwingen, eine Querschnittslähmung ab der Hüfte zuziehen, ist der Unfallbegriff erfüllt. Denn niemand wird ihnen vorwerfen können, dass Sie von vorneherein vorhatten, sich dabei zu verletzten.

Im Übrigen zählen zu den Sach- und Schadenversicherungen auch alle Tierversicherungen, selbst solche, die als Tierkrankenversicherungen bezeichnet werden, auch wenn diese in ihren Bedingungen tatsächlich wie eine Krankenversicherung funktionieren, denn Tiere werden von der Versicherung wie Sachen behandelt. Das bedeutet allerdings auch, dass die Tierarztkosten von einem Hund, der bei einem Einbruch oder Brand verletzt wird, unter die Leistung der Hausratversicherung fallen kann.

KRANKENVERSICHERUNGEN

Bei den Krankenversicherungen ist das versicherte Gut Ihre Gesundheit. Im Allgemeinen kommen Krankenversicherungen so für die Kosten von medizinischen Maßnahmen auf, die nötig sind, um Ihre Gesundheit zu erhalten beziehungsweise sie nach einer Krankheit oder Verletzung wiederherzustellen.

Dazu gehört auch Ihr gesetzlich vorgeschriebener Krankenversicherungsschutz, den Sie sowohl durch die Mitgliedschaft in einer gesetzlichen Krankenkasse als auch, unter bestimmten Bedingungen, durch eine private Krankheitskostenvollversicherung, kurz PKV, erfüllen können. Bei letzterer handelt es sich zwar um eine Privatrechtliche Versicherung, jedoch müssten wir hierzu deutlich tiefer in die Thematik der Sozialversicherungen eintauchen, als es dem Rahmen dieses Ratgebers angemessen wäre. Da dieses Themenfeld mit der Betrachtung der Berufsunfähigkeits- und Rentenversicherungen jedoch erneut auftauchen wird, wollen wir dennoch einen kurzen Exkurs wagen.

Das Sozialversicherungssystem in Deutschland beruht auf dem Prinzip der Umlage. Den geleisteten Beiträgen der Versicherten stehen unmittelbar die

Aufwendungen für eingetretene Versicherungsfälle gegenüber. Das bedeutet, dass mit den Sozialabgaben, die Sie heute auf Ihrer Gehaltsabrechnung finden, all diejenigen Kosten gedeckt sind, die für heute gezahlte Renten oder Arzt- und Krankenhausleistungen anfallen. Dafür haben Sie die Gewissheit, dass, wenn Sie einmal Leistungen in Anspruch nehmen, Sie beispielsweise zum Arzt gehen, die Versichertengemeinschaft Ihre Kosten trägt.

Eine individuelle Bewertung des Risikos findet dabei nicht statt. Das führt einerseits dazu, dass alle die gleichen Beiträge, prozentual von ihrem Einkommen, zahlen, andererseits aber die Leistungen in einem idealerweise gerechten Rahmen begrenzt sind. Sie werden also jederzeit eine angemessene Behandlung erfahren, wenn Sie sich nur auf die gesetzliche Krankenkasse verlassen.

Besonders hochwertige Leistungen, die genau genommen nicht notwendig sind, können aber nicht auf die Allgemeinheit umgelegt werden. Dem gegenüber steht das individuelle Vertragsverhältnis der privaten Versicherung mit dem Prinzip der Kapitaldeckung. Für Ihren Versicherungsschutz wird Ihr persönliches Risiko, z.B. aufgrund von Vorerkrankungen oder Ihres Berufs berechnet, und ein im Grunde frei wählbarer Leistungsrahmen festgelegt, daraus ergibt sich Ihre Prämie. Ihre Versicherung bildet dann, während Sie nur wenige Leistungen in Anspruch nehmen, Rücklagen für Zeiten, in denen Sie wahrscheinlich höhere Leistungen in Anspruch nehmen. Abweichungen von diesem Verlauf stellen dann sozusagen das versicherte Risiko dar.

Deutlich wahrscheinlicher wird für Sie jedoch die Krankenzusatz- oder Ergänzungsversicherung von Interesse sein. Hierbei geht es darum, die Grundleistungen der gesetzlichen Krankenkassen aufzustocken. Häufig sind dies Leistungen, etwa für Naturheilverfahren oder Physiotherapie, bis hin zu Brillen oder Homöopathie, die nicht oder nur sehr eingeschränkt von den Krankenkassen erstattet werden.

Ebenfalls häufig anzutreffen sind stationäre Zusatzversicherungen. Diese übernehmen bei Krankenhausaufenthalten die Mehrkosten nicht nur für die Unterbringung in einem Ein- oder Zweibettzimmer, sondern auch für die (teurere) Behandlung durch z.B. einen Chefarzt oder einen Spezialisten Ihrer Wahl. Ebenso könne moderne, bessere Behand–

lungsmethoden erstattet werden, die bessere Aussicht auf Heilung oder schlicht eine angenehmere Behandlung ermöglichen. Ein drittes Feld, in dem Ergänzungsversicherungen vorkommen können, ist die Absicherung von Zahnersatz und -behandlungen. Hier leisten die Gesetzlichen Krankenkassen ebenfalls nur für eine Art Basisversorgung, während hochwertiger Zahnersatz vom Patienten selbst getragen werden muss.

Eine Sonderform der Krankenversicherung ist die Krankentagegeldversicherung. Sie leistet, wenn die versicherte Person arbeitsunfähig ist, einen vereinbarten Tagessatz. Für die meisten Menschen in Anstellungsverhältnissen zahlt im Krankheitsfall der Arbeitgeber Lohn oder Gehalt für mindestens sechs Wochen weiter. Dauert die Arbeitsunfähigkeit an, übernimmt die gesetzliche Krankenversicherung mit dem sogenannten Krankengeld.

Dieses wird jedoch nicht in Höhe des vorigen Nettoeinkommens, sondern stets geringer ausbezahlt. Insbesondere bei mittleren Einkommen kann dies schnell zu ersten finanziellen Problemen führen, wenn für mehrere Monate 300-500 € monatlich weniger zur Verfügung stehen.

Hier kann eine Krankentagegeldversicherung Abhilfe schaffen, die den entsprechenden Fehlbetrag auffängt.

Ebenfalls zu den Krankenversicherungen gehören die Pflegezusatzversicherungen, die die Leistungen der (gesetzlichen) sozialen Pflegeversicherung ergänzen. Denn auch hier trägt eine Person, die pflegebedürftig ist, einen Teil der entstehenden Kosten selbst. Dies kann bei einer gut geregelten entsprechenden Altersvorsorge unproblematisch sein.

Falls jedoch nicht genügend Geld vorhanden ist, um die Pflegekosten zu tragen, im Durchschnitt sind dies für einen stationären Pflegeheimplatz immerhin rund 1.900 € Eigenanteil[2] pro Monat, können auch Angehörige herangezogen werden, um den Pflegeplatz mitzufinanzieren. Gleichzeitig ist die Situation in der Pflege in Deutschland seit Jahren angespannt, und die Qualität durch den Gewinndruck privater Unternehmen als Träger von Pflegeeinrichtungen nicht selten unter dem, was sich Angehörige für einen Pflegefall in der Familie wünschen. Hierbei ermöglicht mehr Geld, das für die Pflege zur Verfügung steht, eine bessere Versorgung.

---

[2] vdek/Spiegel, 16. August 2019

Pflegezusatzversicherungen werden dabei häufig als monatliche Pflegerente, Pflegetagegeld oder bei Pflegekostenversicherungen direkt an die Pflegedienstleister ausbezahlt, teilweise abhängig vom Pflegegrad. Außerdem können sie Assistance-Leistungen enthalten, die gerade bei erstmaligem Eintreten des Pflegefalls Angehörige unterstützen.

LEBENS-, BERUFSUNFÄHIGKEITS- UND RENTENVERSICHERUNGEN

Lebensversicherungen, zu denen auch die privaten Rentenversicherungen sowie die Berufsunfähigkeitsversicherung zählt, sind die wahrscheinlich komplexesten Versicherungsprodukte, die Ihnen begegnen werden. Dabei ist das versicherte Gut Ihr Leben. Je nach Ausgestaltung können sie auf verschiedene Zwecke zugeschnitten werden.

Manche sind reine Risikoversicherungen, andere dienen in der Praxis fast ausschließlich dem Kapitalaufbau, viele vermischen die beiden Elemente. Lebensversicherungen haben dabei immer einen nicht unerheblichen Sparanteil, der den Grundstock für das bei Eintreten des Risikos notwendige Kapital legt. Dabei können Lebensversicherungen, je nach–

dem, welchen „Teil" des Lebens sie absichern, verschiedene Gestalten annehmen.

Die naheliegendste Form ist die Risikolebensversicherung. Der Versicherungsnehmer zahlt einen Beitrag, und wenn die versicherte Person verstirbt, wird die Versicherungssumme an eine bezugsberechtigte Person ausgezahlt. Die Konstellationen dabei sind frei wählbar, sodass sich z.B. Eheleute gegenseitig absichern, Eltern ihre Kinder oder ein Unternehmer seine Kapitalgeber. In all diesen Fällen kann so sichergestellt werden, dass wirtschaftlich abhängige Personen im Falle des Todes nicht plötzlich ihre Existenzgrundlage verlieren. Die Überschüsse, die die Versicherung mit den Sparanteilen der Prämie erwirtschaftet, werden dabei üblicherweise direkt mit dem Beitrag verrechnet oder auf die Todesfallsumme aufgeschlagen und im Falle des Ablaufs der Versicherung ohne Versicherungsfall ebenfalls ausgezahlt.

Eine Abwandlung davon ist die Sterbegeldversicherung. Sie dient nach analogem Prinzip (Tod der versicherten Person) dazu, Kosten im unmittelbaren Zusammenhang mit dem Sterbefall abzudecken, sodass diese nicht z.B. von den Hinterbliebenen getra–

gen werden müssen. Eine durchschnittliche Bestattung kostet in Deutschland immerhin rund 13.000 €[3]. Übliche Höhen für Versicherungssummen in der Sterbegeldversicherung liegen demnach bei 10.000-15.000 €. Dabei wird vom Versicherungsnehmer zunächst das Kapital angespart. Ist das Kapital zusammengetragen, setzt die Prämienzahlung aus und das Geld fließt im Todesfall zurück. Verstirbt die versicherte Person früher, leistet die Versicherung trotzdem die vollständige Summe.

Die Kapitalbildenden Lebensversicherungen nutzen die Grundmechanik der Risikolebensversicherungen, um Vermögen aufzubauen. Dabei ist die Todesfallsumme meist überschaubar, von Interesse ist die Ablaufleistung, also die Summe, die die bezugsberechtigte Person im sogenannten Erlebensfall (Die versicherte Person erlebet den Ablauf der Versicherung) ausgezahlt bekommt. Dabei werden Überschüsse und Sparanteil von der Versicherungsgesellschaft angelegt, mit dem Ziel, möglichst gute Erträge abzuwerfen.

Die Rentenversicherungen sind wiederum ein Sonderfall hiervon. Anstatt im Erlebensfall eine

---

[3] todesfall-checkliste.de, 2020

einmalige Kapitalauszahlung zu leisten, fließt das angesparte Geld in Form einer lebenslangen Rente an die Bezugsberechtigten zurück. Verstirbt die versicherte Person, bevor das Kapital aufgezehrt ist, wir der Rest an weitere Bezugsberechtigte, etwa die Erben, ausbezahlt. Lebt die versicherte Person über den Punkt hinaus, an dem das Kapital aufgezehrt ist, wird dennoch die Rente weiterbezahlt. Hier kommt als weiteres versichertes Risiko die Langlebigkeit hinzu, also dass Sie länger leben, als Ihr für den Ruhestand angespartes Kapital reicht.

Rentenversicherungen werden gezielt dazu eingesetzt, analog zur Vorgehensweise bei privaten Krankenzusatzversicherungen, die spätere gesetzliche Rente zu ergänzen. Denn wie in der gesetzlichen Krankenversicherung kann die Gesetzliche Rentenversicherung nur eine Grundversorgung gewährleisten, die häufig für sich alleine kaum reichen wird, um den wohlverdienten Ruhestand so zu genießen, wie die meisten es sich vorstellen. So erhielten 2018 Männer rund 1.200 € und Frauen sogar nur 730 € an durchschnittlicher Rente[4], abzüglich Steuern und

---

[4] Deutsche Rentenversicherung - Rentenversicherung in Zeitreihen 2019, Seite 172 & 174

Krankenversicherungsbeiträgen. Da der Gesetzgeber gezielte, zweckgebundene Altersvorsorge fördert, sind Rentenversicherungen auch immer steuerlich begünstigt.

Dies kann einerseits durch eine steuerliche Förderung in der Ansparphase geschehen, wie es in der Riesterrente oder der Basisrente (Rüruprente) vorgesehen ist, nicht geförderte Produkte hingegen werden in der Auszahlungsphase deutlich geringer besteuert als übriges Einkommen, z.B. aus Kapitalerträgen oder Gesetzlichem-, Betriebs- und geförderten Renten. Gleichzeitig muss bei dem Vorhaben, mit Renten und Lebensversicherungen Kapital zu mehren, auch immer die Kostenstruktur des Versicherungsprodukts berücksichtigt werden, die meistens anderen Möglichkeiten des Kapitalaufbaus für den Ruhestand, zumindest isoliert betrachtet, unterlegen ist.

Insbesondere bei den Kapitalbildenden- und Rentenversicherungen kommt zusätzlich die Frage der Kapitalanlageform ins Spiel. Dabei gibt es im Wesentlichen drei verschiedene Modelle: Erstens klassisch, also fest verzinst, wie z.B. ein Sparbuch oder ein Festgeldkonto. Zweitens indexorientiert, das heißt über einen speziellen Mechanismus an den Entwicklungen eines Aktienindex wie dem DAX beteiligt, jedoch nicht direkt investiert und damit ohne Verlustrisiko bei sinkenden Kursen.

Drittens fondsgebunden, also direkt in Kapitalanlagen investiert. Dies können alle Arten von Fonds sein, und hierin liegt auch die Schwierigkeit mit solchen Versicherungen. Denn insbesondere die Auswahl der Kapitalanlage spielt eine erhebliche Rolle in der Ausgestaltung des konkreten Vertrags. Außerdem gibt es verschiedene Garantiemechanismen, die z.B. das eingezahlte Kapital oder Teile davon garantieren. Hier müssen Sie vor allem sich als Anleger einschätzen können, um zu entscheiden, was Ihnen wichtig ist.

Schließlich gibt es noch die Berufsunfähigkeitsversicherung. Sie gehört ebenfalls zu den Lebensversicherungen und sichert speziell die Arbeitskraft der versicherten Person ab. Das bedeutet, die körperlichen und geistigen Fähigkeiten, mit erlerntem Wissen, Können und Erfahrung, einer beruflichen Tätigkeit nachzugehen, die dazu dient, Einkommen zu erzielen. Für die allermeisten Menschen eine typische Eigenschaft.

Dazu nutzt sie den Begriff der Berufsunfähigkeit, nicht zu verwechseln mit Erwerbsunfähigkeit, Arbeitsunfähigkeit oder der Definition der gesetzlichen Rentenversicherung von Erwerbsminderung.

Bei der Erwerbsminderungsrente der gesetzlichen Rentenversicherung wird dabei ausschließlich berücksichtigt, wieviel das Mitglied überhaupt noch arbeiten könnte, unabhängig von der tatsächlichen Möglichkeit, eine entsprechende Tätigkeit konkret auszuüben. Kann das Mitglied noch drei bis sechs Stunden am Tag irgendeiner Tätigkeit nachgehen, zahlt die Gesetzliche Rentenversicherung die sogenannte „Rente wegen teilweiser Erwerbsminderung". Kann das Mitglied nur noch maximal drei Stunden oder weniger irgendeine berufliche Tätigkeit ausüben, ist die volle Erwerbsminderungsrente fällig.

Die Rentenhöhnen sind dabei ebenfalls für die allermeisten Versicherten kaum ausreichend, um neben der ohnehin schweren Situation durch eine erhebliche Beeinträchtigung ihrer Gesundheit wenigstens finanziell auf sicheren Beinen zu stehen, und bedeuten häufig, auf Grundsicherung angewiesen zu sein.

Im Schnitt zahlte die gesetzliche Rentenversicherung dabei eine Rente wegen voller Erwerbsminderung im Jahr 2018 von 812 €[5], von der noch Steuern sowie Kranken- und Pflegeversicherung abgezogen werden.

Hierbei kommt die Berufsunfähigkeitsversicherung ins Spiel: Sie soll diese doppelte Lücke schließen: Einerseits kann sie in der Höhe des Nettoeinkommens vereinbart werden, andererseits ist der Berufsunfähigkeitsbegriff deutlich spezifischer: Berufsunfähig ist diejenige Person, die aufgrund von Krankheit, Verletzung oder Kräfteverfall nicht imstande ist, ihren zuletzt ausgeübten Beruf dauerhaft zu 50 % auszuüben.

Vor allem, dass nur, und zwar ohne Wenn und Aber, auf den zuletzt ausgeübten Beruf Bezug genommen wird, ist hierbei der ausschlaggebende Punkt. Denn so ist unerheblich, ob die versicherte Person einen anderen Beruf ausüben könnte, was schließlich in den meisten Fällen zumindest denkbar ist. Außerdem kann die Rentenhöhe gezielt so vereinbart werden, das im Fall der Fälle auch genug

---

[5] Deutsche Rentenversicherung - Rentenversicherung in Zeitreihen 2019, Seite 194

finanzielle Mittel zur Verfügung stehen, um weiterhin auskömmlich leben zu können, im schlimmsten Fall bis zur Altersrente, im besten bis zur Genesung oder dem erfolgreichen Einstieg in einen neuen Beruf.

THOMAS GELDER

Ein Streifzug durch den Versicherungsordner

Nachdem Sie nun mit den Grundprinzipien der gängigen Versicherungsprodukte vertraut sind, wollen wir uns Ihrem Versicherungsordner widmen. Falls Sie noch keinen haben, ist dies der beste Zeitpunkt, ihn anzulegen. Versuchen Sie, die wichtigsten Dokumente zu jeder Versicherung, die Sie haben, an einem Ort zu sammeln. Praktisch ist es darüber hinaus, auch die Dokumente zu ihrer Sozialversicherung am gleichen Ort aufzu–

bewahren, da, wie Sie nun wissen, sich einige private Versicherungen auf die Sozialversicherungen beziehen. Bemerken Sie, dass vielleicht das ein oder andere Dokument fehlt, so ist dies meist nicht schlimm. Häufig genügt ein Anruf bei der Versicherungsgesellschaft und Sie erhalten eine neue Ausfertigung nach aktuellem Stand, auch wenn dies je nach Versicherung eine kleine Gebühr kosten kann.

Manche Versicherungen bieten darüber hinaus Onlineservices an, über die Sie Ihre Verträge ebenfalls einsehen können. Falls Sie eine App benutzen möchten, um Ihre Versicherungen zu verwalten, lassen Sie dabei Vorsicht walten. Viele dieser Programme sind im Hintergrund Versicherungsmakler und können dazu führen, dass Ihre bisherige Betreuung, z.B. durch einen anderen Makler oder Versicherungsvertreter, unbeabsichtigt beendet wird.

Dieser erhält dann keine Vergütung mehr für die Betreuung Ihrer Verträge und wird Ihnen folglich auch kaum mehr weiterhelfen wollen, wenn Sie sich das nächste Mal an ihn wenden. Besser ist es, sich z.B. in einer Tabelle eine Übersicht anzulegen. Wichtige Eckdaten jeder Versicherung sind Beginn, Ablauf, Prämie und Zahlweise und Versicherungs- oder

Versicherungsscheinnummer, sowie Ihr Ansprechpartner bzw. auf welchem Wege Sie die Versicherung abgeschlossen haben.

RISIKOABWÄGUNG

Haben Sie schon mal den Ausspruch gehört, dass sich diese oder jene Versicherung ja gar nicht lohne? Wenn Sie an unseren Exkurs in die Grundprinzipien der Versicherung zurückdenken, wird Ihnen auffallen, dass dieser aus einer Denkweise stammt, die den Kern des Versicherungsgedanken unberücksichtigt lässt. Eine Versicherung soll sich im Idealfall überhaupt nicht lohnen. Sie dient dazu, ein Risiko, das Sie alleine nicht tragen können oder wollen, mit anderen zu teilen, die in einer ähnlichen Situation sind wie Sie. Bleiben Sie von dem Risiko verschont, ist Ihre Prämie zwar weg, Ihnen ist jedoch der Schaden ausgeblieben, alles ist gut.

Tritt ein Schadensfall ein, kommt die Versicherung dafür auf. Ihre Prämie ist dabei genauso weg, allerdings sind sie von den finanziellen Folgen des Schadens verschont geblieben. Sie haben also gegenüber dem Nicht-Schadensfall aus buchhalterischer Sicht weder Gewinn noch Verlust gemacht. Einen bilanziellen Verlust gemacht hätten Sie nur, wenn Sie das Risiko nicht abgesichert hätten, der Schadensfall aber dennoch eingetreten wäre. Selbstverständlich hätten Sie demzufolge auch einen rechnerischen Gewinn, wenn Sie das Risiko nicht abgesichert hätten und kein Schaden eingetreten wäre, und zwar in Höhe der Summe der Prämien. Das bedeutet, dass Sie sich entschieden haben, das Risiko selber zu tragen. Eine vollkommen zulässige Entscheidung, wenn sie denn aus dem Bewusstsein um das Risiko heraus getroffen wurde. Andersherum gesagt: Wenn es Ihnen finanziell egal ist, den maximalen Schaden, der aus dem Risiko resultieren kann, aus eigener Tasche zu begleichen oder sie bereit sind, die Konsequenzen des Schadens in Kauf zu nehmen, dann brauchen Sie dafür keine Versicherung abzuschließen.

Bevor wir zu den einzelnen Versicherungen kommen und sie ihrer Wichtigkeit nach einsortieren und die Merkmale herausarbeiten, anhand derer Sie ihre Verträge bewerten können, noch ein Wort zur Statistik. Mit Sicherheit haben sie schon einmal so etwas gedacht wie „das passiert mir eh nicht". Wahrscheinlich haben Sie damit sogar recht. Nehmen wir als Beispiel den Lotto-Jackpot. Denn auch wenn die Chance auf einen Volltreffer 1:140 Mio. beträgt, gewinnen doch jedes Jahr rund 100 Menschen einen Großgewinn von über einer Million Euro. Bei rund 22 Mio. Spielern[6] ist das jedes Jahr einer von 220.000 Woran liegt das? Vor allem liegt diese vermeintliche Unstimmigkeit daran, dass sich die Gewinnwahrscheinlichkeit danach richtet, wie wahrscheinlich jede einzelne mögliche Zahlenkombination ist, nicht wie hoch die Wahrscheinlichkeit ist, dass ein Spieler sie tippt.

Wenn wir also zurück zu unserem abgebrannten Haus kommen, ist es ähnlich damit: Die Wahrscheinlichkeit, dass ein bestimmtes, einzelnes Haus abbrennt, ist relativ gering. Dennoch gibt es jedes Jahr rund 200.000 Brände und Explosionen in Deutschland[7]. Bei Rund 10.000 Gemeinden in Deutschland sind das auch in Ihrer Gemeinde 20 brennende Häuser jedes Jahr. Wenn Sie nun wissen, dass es nächstes Jahr 20 Brände in Ihrer Gemeinde geben wird, wären Sie bereit, zu riskieren, dass Ihr Haus in Flammen aufgeht, ohne dass Sie es danach

---

[6] Allensbacher Markt- und Werbeträger-Analyse - AWA 2020
[7] Deutscher Feuerwehrverband, 2020

ersetzen können, wenn Ihnen jemand dafür 1.000 € gibt? Wahrscheinlich kaum. Genau das wäre aber der Fall, wenn Sie sagen würden: „Mein Haus brennt schon nicht ab, ich spare mir eine Wohngebäudeversicherung."

Lassen Sie uns im Folgenden, vor dem Hintergrund des gerade besprochenen, betrachten, welche Versicherungen in Ihrem Leben wie wichtig sind. Damit unsere Überlegungen für die Allgemeinheit zutreffend sind, an die sich dieser Ratgeber richtet, nehmen wir einmal an, dass Sie im erwerbsfähigen Alter sind und Ihren Lebensunterhalt durch Erwerbsarbeit bestreiten. Außerdem führen Sie alleine oder mit weiteren Personen einen eigenständigen Haushalt. Sind Sie Beamter oder Richter, gilt das meiste Nachfolgende zwar grundsätzlich auch für Sie, jedoch mit einigen Einschränkungen bzw. Ergänzungen, auf die wir in diesem Ratgeber nicht speziell eingehen wollen.

DREI VERSICHERUNGEN, OHNE DIE SIE LIEBER ZU HAUSE BLEIBEN

Haftpflichtversicherung

Sie brauchen eine Privathaftpflichtversicherung. Punkt. Wenn es nur eine Versicherung gibt, die Sie abschließen dürften, dann kann es keine zwei Meinungen dazu geben. Sichern Sie sich nicht gegen Haftungsansprüche dritter ab, kann selbst ein kleines Missgeschick Sie nachhaltig in existenzielle finanzielle Schwierigkeiten bringen, und damit alle, die von Ihnen wirtschaftlich abhängig sind. Das hat mit dem Haftungsprinzip im deutschen Recht zu tun: Jeder haftet für Schäden, die er oder sie schuldhaft verursacht, ganz gleich ob beabsichtigt oder unbeabsichtigt, in voller Höhe, und damit auch über das eigene Vermögen hinaus.

Spätestens wenn also durch eine Unachtsamkeit ein Mensch verletzt oder sogar getötet wird, können die Forderungen immens sein: Schmerzensgelder, Kompensation für Hinterbliebene, Einkommensersatz und Schadenersatzforderungen addieren sich schnell zu Beträgen jenseits von 1 Mio. €. Was den Versicherungsumfang angeht, sollten Sie deshalb großzügig sein: Schließen Sie die höchste Versicherungssumme ab, die verfügbar ist. Derzeit sind dies gängiger Weise 50. Mio. €, jedoch nie weniger als 15 Mio. €. Haben Sie eine Haftpflichtversicherung mit einer Versicherungssumme von weniger als 15 Mio. €, sollten Sie eine Erhöhung dringend in Betracht ziehen. Außerdem sollten Sie prüfen, wie hoch die Kosten sind, wenn Sie z.B. Ihren Arbeitsschlüssel verlieren, und demzufolge, ob die Maximalsumme für den Verlust fremder Schlüssel hierfür ausreicht. Außerdem sollte Sie darauf achten, dass Mietsachschäden bis mindestens 1 Mio. € übernommen werden.

Außerdem sollten in einer zeitgemäßen Haftpflichtversicherung auch sogenannte Cyberrisiken versichert sein, also wenn durch etwas, was Sie im Zusammenhang mit dem Internet tun, jemand anderes geschädigt wird. Die meisten Versicherer haben drei Leistungsumfänge zur Auswahl. Haben Sie mindestens den mittleren gewählt, sollten Sie auf der sicheren Seite sein. Prüfen Sie dennoch, wie aktuell ihr Bedingungswerk ist, und ob eine Umstellung auf eine aktuelle Version sinnvoll ist. Häufig bieten Versicherungen übersichtliche Checklisten, Highlightblätter oder Kurzübersichten im Internet an, anhand derer Sie herausfinden können, was im jeweiligen Versicherungsumfang enthalten ist. Nicht selten sind neuere Bedingungswerke trotz höherem Leistungsumfang auch mit niedrigeren Prämien verbunden

Prüfen Sie weiterhin, wer in Ihrer Haftpflichtversicherung versichert ist, oder ob Sie in einer anderen Police eingeschlossen sind. Bei sinnvoller Vertragsgestaltung genügt für Menschen, die einen gemeinsame Haushalt führen, eine einzelne, gemeinsame Haftpflichtversicherung. Umgekehrt sollten Sie sicherstellen, dass z.B. Ihre Kinder auf jeden Fall bei Ihnen oder einer anderen Person in Ihrem Haushalt mitversichert sind. Ob Sie in ihrer Haftpflichtversicherung eine Selbstbeteiligung vereinbaren wollen, ist wiederum Geschmackssache.

Sie führt dazu, dass Schäden erst ab einer bestimmten Höhe, die Ihren eigenen finanziellen Kapazitäten entsprechen sollten, übernommen werden bzw. um diesen Betrag gekürzt werden. Haben Sie eine Selbstbeteiligung von 150 € vereinbart und Sie beschädigen versehentlich eine Glastüre beim nächsten Besuch bei Ihrem Nachbarn, die 400 €

kostet, so trägt die Haftpflichtversicherung 250 €, während Sie für 150 € selbst aufkommen müssen. Eine Selbstbeteiligung führt dazu, dass die Prämie sinkt, jedoch sollten Sie darauf achten, dass Sie in jedem Falle in der Lage sind, die Selbstbeteiligung zu tragen. Ob Sie bereit sind, für eine meist moderate Beitragsreduzierung eine Selbstbeteiligung in Kauf zu nehmen, hängt vor allem davon ab, ob Sie das Risiko kleinerer Schäden selber tragen wollen.

Unfallversicherung

Unfälle sind eine der häufigsten Ursachen für bleibende körperliche Beeinträchtigungen. Dabei hatte z.B. 2010 jeder 10. Vollzeiterwerbstätige einen Unfall[8], und über 80 % dieser Unfälle geschahen in der Freizeit oder zuhause[9], also außerhalb des Geltungsbereichs der betrieblichen Unfallversicherungen. Eine Unfallversicherung dient dazu, einen zusätzlichen Kapitalbedarf nach einem Unfall mit bleibenden Schäden zu decken. Das bedeutet, dass Sie nach so einem Ereignis wahrscheinlich einige Ihrer

---

[8] RKI - Das Unfallgeschehen bei Erwachsenen in Deutschland 2010, Seite 42

[9] BAuA, Statistisches Bundesamt, Robert Koch-Institut, Juni 2017

Lebensumstände verändern müssen. Dazu gehört Ihre Wohnsituation, Ihre Mobilität sowie Kosten z.B. für Prothesen oder medizinische Leistungen außerhalb der Leistung der Krankenversicherung. Eine hierfür gerne gewählte Größenordnung, mit der Sie wahrscheinlich wenig falsch machen, sind 300.000 € bei Vollinvalidität. Dazu wird die Grundsumme mit der Progression multipliziert. Mit Progression können Sie steuern, inwiefern Sie das Risiko kleinerer Unfallschäden selber tragen wollen.

So bedeutet eine sehr hohe Progression von teilweise über 1000 %, dass wirklich nur bei sehr schweren Unfallfolgen eine hohe Summe ausgezahlt wird. Umgekehrt führt eine niedrige oder gar keine Progression schnell zu relativ hohen Prämien. Eine mittlere Progression zwischen 200 und 500 %, je nachdem, was angeboten wird, wird in den meisten Fällen ein guter Kompromiss sein. Achten Sie zudem darauf, dass der Unfallbergriff z.B. um Vergiftungen oder Verletzungen durch erhöhte Kraftanstrengungen erweitert ist, dass Unfälle infolge von Bewusstseinsstörungen weitgehend eingeschlossen sind, und auf die Gliedertaxe: Welche Beeinträchtigung ist wieviel wert. Auch hier ist es häufig sinnvoll, nicht zum Holzklasse-Tarif zu greifen. Sollten Sie in Ihrer Freizeit besonders aktiv sein, etwa ungewöhnliche Sportarten ausüben oder viel Reisen, sollten Sie generell einen höheren Schutz in Erwägung ziehen, sodass z.B. auch tauchmedizinische Behandlungen oder aufwendige Bergungsmaßnahmen übernommen werden können. Achten Sie auch darauf, immer eine Todesfallsumme mit zu vereinbaren, selbst wenn es keine Hinterbliebenen gibt oder sie diese auf anderem Wege bereits gut abgesichert haben. Dieser Rat mag zunächst merkwürdig klingen, jedoch hat dies mit der Feststellung der Invalidität zu tun. Dies geschieht endgültig meist erst nach ein- bis zwei Jahren. Die Versicherung behält sich vor, dass innerhalb dieser Zeit noch der Tod als Folge des Unfalls eintreten kann, und damit eine Invaliditätssumme nicht fällig wird.

Der Umkehrschluss daraus bedeutet: Steht eine Invalidität, beispielsweise nach einer Amputation oder dauerhaften Lähmung, vorläufig fest, kann die Versicherung immerhin schon die Todesfallsumme ausbezahlen, die beim Tod als spätere Unfallfolge ohnehin fällig wird. Wird dann der Invaliditätsgrad endgültig festgestellt, wird die bereits gezahlte

Todesfallsumme als Vorschuss auf die Invaliditäts-
leistung eingerechnet. Eine sinnvolle Größenordnung hierfür können 10.000 € bis 20.000 € sein. Verzichten Sie bei einer Unfallversicherung darüber
hinaus auf Einschlüsse von Tagegeldern, z.B. für
Krankenhausaufenthalte oder Rehas. Diese Leistungen lassen sich in anderen Versicherungen, so sie ge-
wünscht sind, besser einschließen und fließen dann
auch unabhängig vom Umfallbegriff. Auch von kapitalbildenden Unfallversicherungen sollten sie Abstand nehmen. Häufig sind hier die Leistungen
schlechter, während mit einem höheren Beitrag ein
Guthaben erzeugt wird, das bei Ablauf ohne Versicherungsfall fällig wird.

Aufgrund der Natur der Unfallversicherung als
Schadenversicherung ist sie jedoch versicherungs-
mathematisch besonders schlecht für so ein Vorgehen geeignet und die Erträge, die damit erwirtschaftet werden, bleiben zumeist hinter den Erwartungen
zurück. Glücklicherweise sind solche Versicherungen relativ selten und werden kaum noch angeboten. Eine Unfallversicherung ist eine reine Risikover-
sicherung, und als solche sollte sie auch betrachtet
und abgeschlossen werden.

Berufsunfähigkeitsversicherung

Als dritte Police ist die Berufsunfähigkeitsversicherung wahrscheinlich die wichtigste Police ihres Lebens. Das liegt daran, dass die Wahrscheinlichkeit für einen erwerbstätigen Menschen, im Laufe seines Berufslebens in Deutschland berufsunfähig zu werden, bei rund 40 % liegt.[10]

Gleichzeitig machen Nervenkrankheiten, worunter auch das Burnout-Syndrom oder Depressionen zählen, knapp 30 %, Erkrankungen des Skeletts und Bewegungsapparates wie z.B. Rheuma, Bandscheibenvorfälle und andere Rückenbeschwerden weitere 20 %, und Krebs- und Tumorerkrankungen nochmals 17 % der Berufsunfähigkeitsfälle aus[11]. Sie sehen, beinahe jeder zweite wird wahrscheinlich berufsunfähig und das meist aus einem Grund, der erstens jeden treffen kann und zweitens auch in praktisch jedem Berufsbild zu schweren Beeinträchtigungen führt.

Wollen Sie nun ermitteln, wie niedrig Ihre gesetzliche Erwerbsminderungsrente ist, gehen Sie wie folgt vor: Wenn Sie noch nicht seit mindestens

---

[10] Deutsche Aktuarvereinigung (Horst Loebus), Focus Nr. 30, Seite 11, Juli 2009
[11] Morgen & Morgen, April 2019

fünf Jahren in die gesetzliche Rentenversicherung einbezahlen, bekommen Sie – nichts! Haben Sie die sogenannte allgemeine Wartezeit erfüllt und in den letzten fünf Jahren Pflichtbeiträge an die gesetzliche Rentenversicherung bezahlt, ermitteln Sie zunächst Ihre Rentenpunkte.

Für jedes Jahr, in dem Sie so viel wie ein Durchschnittsverdiener verdient haben, haben Sie einen Rentenpunkt erhalten. Dabei liegt das sogenannte Durchschnittsentgelt bei gut 40.000 € brutto jährlich im Jahr 2020. Wenn Ihr Einkommen in den letzten Jahren einigermaßen konstant gestiegen ist, können Sie für einen Näherungswert einfach Ihr aktuelles jährliches Bruttoeinkommen verwenden und so Ihre persönlichen Rentenpunkte pro Jahr ermitteln, indem sie es durch 40.000 teilen. Nun multiplizieren Sie Ihre persönlichen Rentenpunkte pro Jahr mit der Zeit, in der Sie rentenversicherungspflichtig gearbeitet haben, und erhalten so Ihre aktuellen Rentenpunkte.

Sie erhalten außerdem im Falle der Erwerbsminderung weitere Rentenpunkte hinzugerechnet, und zwar so, also ob Sie bis zu Ihrem 62. Lebensjahr gearbeitet hätten. Ziehen sie also Ihr aktuelles Alter von 62 ab und multiplizieren Sie das Ergebnis ebenfalls mit ihren persönlichen Rentenpunkten pro Jahr. Nun multiplizieren Sie die Anzahl aller Rentenpunkte mit 30 und erhalten so Ihre volle Erwerbsminderungsrente, von der Sie im Fall der Fälle noch Steuern und Sozialabgaben bestreiten müssen.

Falls Sie damit nicht auf einen Wert kommen, von dem Sie gerne leben möchten, brauchen Sie eine Berufsunfähigkeitsversicherung. Diese sollte größenordnungsmäßig in Höhe ihres Nettoeinkommens abgeschlossen und auch regelmäßig daran angepasst werden. Mindestens jedoch sollten Sie eine Rente absichern, von der Sie einigermaßen bequem leben können und mit der Sie alle Ihre finanziellen Verpflichtungen erfüllen können.

Achten Sie beim Abschluss auch darauf, dass die Versicherung bis zu Ihrem geplanten Renteneintritt läuft. Haben Sie Ihre Altersvorsorge auf eine Berufstätigkeit bis 67 ausgerichtet, werden mit 50 berufsunfähig, sind aber nur bis 62 versichert, bringt das Ihre gesamte Ruhestandsplanung in Gefahr, da Sie ihr Kapital früher angreifen müssen, weniger Erträge erzielt haben und wahrscheinlich auch fünf Jahre länger davon leben werden.

Prüfen Sie demnach auch Ihre bestehende Berufsunfähigkeitsversicherung, ob sie zu Ihren Ruhestandsplänen passt. Nicht selten werden solche Verträge vermeintlich günstig angeboten, indem die Laufzeit vom Ende her verkürzt wird. Außerdem macht es Sinn, zusammen mit einer Berufsunfähigkeitsversicherung eine Krankentagegeldversicherung abzuschließen. Diese schließt Einkommenslücken auch bei längerer Krankheit, wenn nicht klar ist, ob es tatsächlich zur Berufsunfähigkeit kommt, und ist im Allgemeinen mit schon 5-10 € monatlicher Prämie zu haben.

Des Weiteren bieten Berufsunfähigkeitsversicherer häufig eine sogenannte Arbeitsunfähigkeitsklausel an. Diese leistet, bereits wenn Sie „nur" für einen längeren Zeitraum, in der Regel sechs bis 18 Monate, krankgeschrieben sind, zusätzlich zu etwaigem Kranken- und Krankentagegeld, die volle vereinbarte Berufsunfähigkeitsrente. Solche Einschlüsse machen den Vertrag teurer, bieten aber die Möglichkeit, den Leistungsfall deutlich zu erweitern. Generell müssen Sie für eine vernünftige Berufsunfähigkeitsabsicherung wahrscheinlich tiefer in die Tasche greifen als für den Großteil Ihrer restlichen

Absicherung zusammen. Dies sollte Sie aber nicht davon abschrecken, eine solche Police abzuschließen, denn solange Sie von Ihrem Arbeitseinkommen leben, ist dies der einzige sichere Weg, wie Sie und alle, die von Ihnen wirtschaftlich abhängig sind, im Falle einer schweren gesundheitlichen Beeinträchtigung Armut vermeiden. Widerstehen Sie auch der Versuchung, beispielsweise Karenzzeiten oder andere leistungseinschränkende Mechanismen zu vereinbaren, nur um ein paar Euro an Prämie zu sparen.

Spielen Sie außerdem nicht auf Zeit. Je später Sie eine Berufsunfähigkeitsversicherung abschließen, desto höher wird die Prämie sein. So werden Sie am Ende die gleiche oder sogar eine höhere Prämiensumme entrichten, jedoch in der Zwischenzeit ohne Versicherungsschutz sein.

Außerdem können Vorerkrankungen und Verletzungen, die in der Zwischenzeit auftreten, schnell zu Schwierigkeiten beim Abschluss führen. Haben Sie die Möglichkeit, sollten Sie deshalb auch in Erwägung ziehen, z.B. für Ihre Kinder Berufsunfähigkeitsversicherungen abzuschließen, während sie noch innerhalb der Schule, Ausbildung oder Studium sind. Über die Berufsunfähigkeitsversicherung hinaus gibt es weitere Möglichkeiten, die Arbeitskraft abzusichern. Diese sind unter anderem sogenannte Grundfähigkeitsversicherungen. Sie folgen einem anderen Funktionsmechanismus und können eine echte Berufsunfähigkeitsversicherung niemals vollständig ersetzen.

Sie zeichnen sich im Allgemeinen dadurch aus, das bestimmte festgelegte Grundfähigkeiten versichert sind, beziehungsweise deren Verlust. Erblinden Sie oder sind Sie auf den Rollstuhl angewiesen, leistet die Versicherung, meist sogar unabhängig davon, ob Sie weiterhin berufstätig sind, eine vereinbarte monatliche Rente. Solche Produkte können im Notfall herangezogen werden, wenn z.B. eine Berufsunfähigkeitsversicherung unverhältnismäßig teuer ist, z.B. bei körperlich arbeitenden Berufen, in denen häufig auch noch schlecht bezahlt wird.

Dabei sollten Sie jedoch die genauen Bedingungen, unter denen ein Leistungsfall eintritt, genau prüfen. Und Sie sollten sich bewusst sein, dass eine solche Versicherung die bedeutendste Ursache für den Verlust der Arbeitskraft, psychische Erkrankungen, niemals absichern kann.

VIER WEITERE POLICEN, DIE SIE WAHRSCHEINLICH HABEN SOLLTEN

Haben Sie die Pflicht erfüllt, kommen wir zur Kür. Hier geht es um Versicherungen, die in den überwiegenden Fällen sinnvoll sind. Dennoch sollten Sie sich hierbei bewusst entscheiden, diese Risiken nicht selber tragen zu wollen. Keines dieser Risiken wird Sie wahrscheinlich in existenzielle Probleme stürzen, auch wenn das dennoch möglich ist. Gleichwohl bedeutet ein Schadensfall meist mehr als nur ein kleines Ärgernis.

Hausratversicherung

Haben Sie ein Problem damit, Ihren gesamten Hausstand, alles, was Ihnen gehört und sich in Ihrer Wohnung befindet, nach einem Feuer aus eigener Tasche wiederzubeschaffen, zumindest soweit, dass Sie sich nicht eingeschränkt fühlen? Können Sie Ihren wertvollsten Besitz nicht ohne Weiteres aus eigener Tasche ersetzen, wenn er gestohlen oder zerstört wird? Wenn Sie diese Fragen mit Nein beantworten, benötigen Sie keine Hausratversicherung. Andernfalls sollten Sie eine in Erwägung ziehen.

Anders als die Haftpflichtversicherung ist die Hausratversicherung eine Neuwertversicherung. Während aus einer Verschuldenshaftung heraus Ihnen immer nur der Zeitwert einer Sache ersetzt werden kann, leistet die Hausratversicherung, was nötig ist, um eine gleichwertige Sache zum Zeitpunkt des Schadens neu zu beschaffen.

Dies ist vor allem dann von Vorteil, wenn etwa durch einen Wasserschaden, den der Nachbar in der Wohnung über Ihnen verschuldet hat, beispielsweise Ihre fünf Jahre alte Sofagarnitur zerstört wird. Kostete das gute Stück zum Zeitpunkt des Kaufs noch 3.000 €, dürfte nach fünf Jahren der Zeitwert deutlich weniger als die Hälfte betragen. Da Leitungswasser jedoch ein versichertes Risiko in der Hausratversicherung ist, übernimmt Ihre Hausratversicherung in diesem Fall den Schaden und wird den Verursacher in Regress nehmen, falls ein schuldhaftes Verhalten vorliegt.

Generell gilt in der Hausratversicherung, dass Sie regelmäßig die Versicherungssumme überprüfen sollten. Diese muss mindestens 650 € je Quadratmeter Wohnfläche betragen. Ist dies nicht der Fall, weil Sie möglicherweise nach dem letzten

Umzug vergessen haben, ihre Versicherungssumme anzupassen, kann sogenannte Unterversicherung bestehen. Jeder Schaden wird dadurch im Verhältnis gekürzt, wie Sie zu wenig Versicherungssumme vereinbart haben. Achten Sie darauf, dass außerdem die Versicherungsobergrenzen für Wertsachen, Schmuck und Bargeld zu Ihrem Hausstand passen. Ebenfalls ein Wichtiges Element ist die Versicherung von Fahrrädern. Achten Sie hier auch darauf, dass die Versicherungsgrenze ausreicht, wenn Sie sich gerade ein neues E-Bike gekauft haben.

Rechtschutzversicherung
Ebenfalls „nice to have" ist die Rechtschutzversicherung. Gerade in den Bereichen Miet- bzw. Immobilienrecht, Arbeitsrecht und Verkehrsrecht wird es im Laufe Ihres Lebens fast zwangsläufig zu Situationen kommen, die Sie lieber mit Unterstützung eines Anwalts lösen würden. Weitere Rechtsfelder, die gerne Anlass zu höchst unangenehmen Rechtstreitigkeiten mit meist teuren Konsequenzen geben, sind das Familien-, Erb- und Betreuungsrecht sowie das Sozialversicherungsrecht. Dabei ist eine Rechtschutzversicherung, verglichen mit einer Hausrat–

versicherung bei entsprechendem Leistungsumfang, ebenfalls nicht gerade billig. Allerdings kann sie sich gerade bei teuren und komplizierten Streitfällen schnell als von großem Vorteil erweisen. Generell gilt: Wählen Sie die Rechtsgebiete aus, in denen Sie in Rechtstreitigkeiten geraten können. Fahren Sie Auto? Verkehrsrechtschutz. Sind Sie Mieter oder Vermieter? Immobilienrechtschutz. Sind Sie Arbeitnehmer? Arbeitsrechtschutz. Diese werden mit dem Privatrechtschutz kombiniert.

Achten sie außerdem auf erweiterten Rechtschutz im Strafrecht. Ist dieser nicht vereinbart, kann schon allein der Vorwurf einer Vorsatzstraftat dazu führen, dass Sie Ihre Rechtschutzversicherung nicht in Anspruch nehmen können. Wirft Ihnen das Finanzamt fälschlicherweise Steuerhinterziehung vor, oder unterstellt man Ihnen Nötigung im Straßenverkehr, so würde dies die Leistung der Rechtschutzversicherung ohne erweiterten Strafrechtschutz bereits stark einschränken bzw. ausschließen. In anderen Fällen kann eine Rechtschutzversicherung auch eine Strafkaution stellen oder im Ausland sprachlich geschulte Anwälte einschalten.

Zahnzusatzversicherung

Die Leistungen der gesetzlichen Krankenversicherung für Zahnbehandlungen- und ersatz sind in den vergangenen Jahren kontinuierlich zusammengeschrumpft worden. Zwar muss unter der Regelversorgung der Krankenkasse niemand an dauernden Zahnschmerzen leiden, doch gilt auch ein gezogener Zahn als ein geheilter Zahn. Hochwertiger Zahnersatz, keramische Implantate oder aufwendige Brücken sorgen dann für ein ungetrübtes Spiegelbild. Solche Maßnahmen sind jedoch verhältnismäßig kostspielig: Bereits einfache Implantate können Eigenanteile von 1.500 € und mehr nach sich ziehen.

Aufwendiger Zahnersatz mit höherwertigen Legierungen und Materialien sowie farblicher Anpassung über mehrere Zähne hinweg kann auch die 15.000 €-Marke erreichen. Hierfür kommt eine Zahnzusatzversicherung auf. Sie übernimmt einen festgelegten Anteil der Kosten, in den aktuellen Tarifen vieler Versicherer auch bis zu 100 % der Gesamtrechnung, sodass Ihr Eigenanteil auf null sinkt. Achten Sie dabei darauf, ob Wartezeiten vereinbart sind. Diese verhindern, dass Sie heute eine solche Versicherung abschließen, wenn Sie vielleicht schon den Verdacht haben, dass etwas gemacht werden müsste, und morgen direkt zum Zahnarzt gehen. Außerdem kennen Zahnzusatzversicherungen die sogenannte Zahnstaffel, also eine Summenbegrenzung innerhalb der ersten Jahre.

Diese verhindert, dass früh im Versicherungsverlauf allzu hohe Leistungen fällig werden. Wenn Sie also eine Zahnzusatzversicherung in Betracht ziehen, sollten Sie dies nicht hinauszögern, bis es zu spät ist. Prüfen Sie außerdem, ob Ihre Zahnzusatzversicherung auch die Kosten für professionelle Zahnreinigung und weitere zuzahlungspflichtige Vorsorgemaßnahmen übernimmt, sodass Sie diese auch in Anspruch nehmen.

Pflegezusatzversicherung

Die Pflegezusatzversicherung gehört ebenfalls zu den Versicherungen, die Sie wahrscheinlich nicht benötigen, wenn Sie größere Rücklagen zur Verfügung haben und sich, wenn sie pflegebedürftig werden, auf Ihre Angehörigen verlassen können. Wollen Sie Ihr Vermögen und Ihre Angehörigen vor den finanziellen Konsequenzen schützen, die Ihre zukünftige Pflegebedürftigkeit nach sich zieht, so kann eine

Pflegezusatzversicherung eine sinnvolle Option sein. Früh abgeschlossen kostet sie relativ wenig und ihre Beitragssumme bleibt im Allgemeinen überschaubar. Schauen Sie also, was Pflegeheimplätze in Ihrer Gegend kosten, und richten Sie ihre Pflegevorsorge danach.

FÜNF VERTRÄGE, ZU DENEN SIE UNTER UMSTÄNDEN GEZWUNGEN SIND

KFZ-Haftpflicht & -Kaskoversicherungen
Die KFZ-Haftpflichtversicherungen gehört zu den Pflichtversicherungen. Sie ist Voraussetzung für das Anmelden und Zulassen eines Kraftfahrzeuges. Dies ist auch sinnvoll, denn fast jeder Autofahrer wird im Laufe seines Lebens an einem Verkehrsunfall zumindest teilweise schuld sein. Allein 2019 ereigneten sich auf deutschen Straßen über 2,6 Mio. Verkehrsunfälle[12] und durch die Gefährdungshaftung, also der Tatsache, dass allein das Betreiben eines Kraftfahrzeugs ein Haftungsgrund ist, ist in jedem Falle mindestens ein Beteiligter auch haftbar. Achten Sie

---

[12] Statistisches Bundesamt, 2020

bei Ihrer Haftpflichtversicherung auf ausreichend hohe Deckungssummen von 100 Mio. € für alle Schadenarten. Ansonsten könne Sie hier weitgehend nach dem Preis gehen. Dennoch ist es sinnvoll, einen Blick auf aktuelle, möglichst unabhängige Ratings zu werfen. Sollten Sie zusätzlich eine Kaskoversicherung abschließen wollen, so sollte sich die Versicherungswahl vor allem hiernach richten.

Bei den Kaskoversicherungen kann es wiederum sein, dass Sie eine Vollkasko benötigen. Das ist dann der Fall, wenn Ihr Auto nicht Ihnen gehört, Sie es also finanziert oder geleast haben. Dann entspricht das Auto der Sicherheit der Bank und im Falle eines Totalschadens würde der Kredit möglicherweise platzen.

Ansonsten gilt, dass eine Vollkaskoversicherung immer sinnvoller wird, umso höherwertiger Ihr Fahrzeug ist, je mehr Sie also der selbstverschuldete Totalschaden finanziell belasten würde. Vereinbaren Sie in der KFZ-Kasko moderate Selbstbeteiligungen, um die Prämie möglichst niedrig zu halten, und vergleichen Sie am besten jährlich. Insbesondere bei hohen Schadensfreiheitsrabatten, also langer unfallfreier Fahrzeit, ist es außerdem möglicherweise von

Vorteil, auch bei älteren KFZ die Vollkaskoversicherung fortzuführen. Denn die Teilkaskoversicherung kennt im Gegensatz zur KFZ-Haftpflicht und Vollkaskoversicherung keine Rabattierung. Bei hoher Schadensfreiheit kann eine Vollkasko daher praktisch genauso teuer oder in Extremfällen sogar günstiger sein als die Teilkaskoversicherung.

Wohngebäudeversicherung

Die Wohngebäudeversicherung ist keine Pflicht. Dennoch sind Immobilien meist so bedeutsame Vermögenswerte, dass Ihre Besitzer kaum umhin kommen, sie abzusichern. Spätestens jedoch im Zusammenhang einer Finanzierung kann der Kreditgeber, in den meisten Fällen die Bank, die Wohngebäudeversicherung aber zur Pflicht machen.

Schließlich benötigt sie die Immobilie, oder bei einem Schaden daran ihren Gegenwert, als Sicherheit für das geliehene Geld. In diesem Zusammenhang ist es sinnvoll, ähnlich wie die Hausratversicherung, den Versicherungsschutz regelmäßig zu überprüfen. So sollten Bau- und Renovierungsmaßnahmen stets angegeben werden, sodass analog zur Hausratversicherung keine Unterversicherung entsteht. Lassen Sie sich dabei nicht verwirren: Fest-gelegt ist die Versi–cherungssumme als ein Referenzwert aus dem Jahr 1914. Zu diesem Zeitpunkt waren die Immobilienpreise vor der Hyperinflation zum letzten Mal stabil. Wird dieser Wert mit dem jährlichen Baupreisindex verrechnet, so erhält man den sogenannten gleitenden Neuwert, also den Geldbetrag der notwendig ist, um die Immobilie bei egal welchem Schaden so herzustellen, wie Sie bei ihrer Erstellung war, unter Berücksichtigung aktueller Standards.

Sie sollten demnach auf jeden Fall darauf achten, eine Wohngebäudeversicherung zum gleitenden Neuwert abzuschließen, da nur so die Entwicklung der Baupreise berücksichtigt wird. Außerdem lohnt sich hier das Vergleichen. Lassen Sie sich von ihrem Finanzierer nicht weismachen, Sie müssten die Wohngebäudeversicherung auch bei Ihm abschließen. Die freie Vertragswahl steht Ihnen zu.

Risikolebensversicherung
Wenn Sie wirtschaftlich von Ihnen abhängige Angehörige haben, können Sie diese mit einer Risikolebensversicherung absichern.

So können Sie sicherstellen, dass, falls Ihnen etwas zustößt, für die Ausbildung ihrer Kinder gesorgt ist, Ihr Partner bei gleichmäßig verteiltem Einkommen nicht in finanzielle Bedrängnis gerät oder er nicht mittellos dasteht, falls Sie Alleinverdiener sind.

Zusätzlich kann hier ebenfalls die Immobilienfinanzierung eine Rolle spielen: Beansprucht Ihr Gläubiger Ihr Einkommen als Sicherheit, so kann er eine Risikolebensversicherung verlangen, für den Fall, dass Sie vor der vollständigen Rückzahlung des Darlehens versterben. Außerdem macht es häufig Sinn, wenn Sie Ihre Immobilie zusammen mit weiteren Personen finanzieren, sich gegenseitig mindestens in der Höhe der übrigen Schulden abzusichern. Dazu gibt es auch Risikolebensversicherungen mit fallenden Todesfallsummen, die dementsprechend auch günstiger sind.

Achten Sie bei Risikolebensversicherungen auch auf die Konstellation der versicherten Personen, um unangenehme Überraschungen bezüglich der Erbschaftssteuer zu umgehen. Wenn Sie eine Person absichern, die nicht Ihr Ehegatte ist, können Sie sich als versicherte Person und die Person, die bei Ihrem Tod Geld erhalten soll, als Versicherungs–

nehmer einsetzen. So fließt die Versicherungssumme nicht zuerst in die Erbmasse, bevor sie übertragen wird. Dies kann auch im Gegenseitigkeitsprinzip erfolgen, zum Beispiel bei nicht verheirateten Paaren oder Geschäftspartnern, die Kapital in eine gemeinsame Firma einbringen. Falls Sie gezwungen sind, eine solche Versicherung abzuschließen, beachten Sie, dass man Sie auch hier nicht zwingen kann, diese beim Versicherer der betreffenden Bank abzuschließen. Sie können dies durch eine den Anforderungen entsprechende Versicherung Ihrer Wahl tun.

Hundehalter-Haftpflicht

Auch wenn der Hund als der beste Freund des Menschen gilt, so kann er doch für erhebliche Schäden sorgen. Da er aber nicht rechtsfähig ist, wird sein Halter analog zur KFZ-Versicherung für Schäden, die der Hund verursacht, haftbar gemacht. Und zwar unabhängig davon, ob er tatsächlich Schuld am Geschehen hat; allein die Tatsache, dass Sie womöglich Hundehalter sind, reicht aus, um Sie haftbar machen zu können. Deshalb setzen einige Bundesländer eine Hundehalterhaftpflicht zwingend voraus, um einen

Hund halten zu dürfen, prüfen Sie dies also. Selbst wenn Sie in einem Bundesland leben, in dem das nicht der Fall ist, ist eine solche Versicherung dennoch überaus sinnvoll. Eine infizierte Wunde nach einem Kratzer oder Biss kann schnell schwere gesundheitliche Probleme nach sich ziehen.

Und wenn Ihr Hund sich losreißt und auf die Straße rennt, wodurch ein Unfall entsteht, dann werden Sie ebenfalls froh sein, dass es diese Versicherung gibt. Achten Sie beim Abschluss bzw. bei der Prüfung von Bestandverträgen, ähnlich wie bei der Privathaftpflicht neben der Versicherungssumme (Mindestens 15 Mio. €) auf die für Sie relevanten Einschlüsse. Diese können z.B. Hundesport oder Regelungen für Reisen sein, sowie Schäden, die der Hund an der von Ihnen gemieteten Wohnung hinterlässt.

Restschuldversicherungen
Restschuldversicherungen tun ebenfalls das, wonach sie klingen. Sie übernehmen eine von Ihnen geschuldete Geldsumme, wenn Sie Ihrer Pflicht als Gläubiger nicht nachkommen können. Dabei schließen sie ebenfalls Krankheit und Arbeitslosigkeit mit

ein. Wichtig ist, dass Sie nicht unbedingt zu einer solchen Versicherung gezwungen werden können. Wird z.B. von einer Bank eine Restschuldversicherung verlangt, könne Sie auch als Sicherheit andere beleihbare Vermögenswerte anbieten, wie z.B. Bausparverträge oder Lebensversicherungen.

Im Allgemeinen sind Restschuldversicherungen durch das große abgesicherte Risiko relativ teuer, daher sollten Sie, wenn Sie die Möglichkeit haben, eine der Alternativen in Betracht ziehen. Außerdem kann die Bank Sie ebenfalls nicht zwingen, die Restschuldversicherung bei Ihrem Hausversicherer abzuschließen, denn dieser Eingriff in die Vertragsfreiheit ist unzulässig.

SECHS VERSICHERUNGEN, DIE SINNVOLL SEIN KÖNNEN, ES ABER NICHT IMMER SIND

Private Rentenversicherungen

Private Rentenversicherungen sind das Lieblingsstreitthema vieler Verbraucherschützer. Doch eine Aussage über ihre pauschale Sinnhaftigkeit ist schlicht nicht möglich. Dafür ist die Vielfalt ihrer Ausgestaltungsformen zu groß. Eindeutig sagen lässt sich, dass gut geplanter und mit Sinn und Verstand betriebener Vermögensaufbau zur Altersvorsorge ohne private Rentenversicherungen auskommen kann. Gleichzeitig gibt es dennoch Produkte, die in ein Vorsorgeportfolio gut hineinpassen und es sinnvoll ergänzen können. Lesen Sie in jedem Falle aufmerksam die Bedingungen und lassen Sie sich von Ihrem Vermittler, Makler oder Berater die Produkte genau erklären. Achten Sie vor allem auf die Kosten, die in dem Vertrag enthalten sind.

Zum heutigen Zeitpunkt vor dem Hintergrund extrem niedriger Zinsen stellen festverzinsliche Produkte kaum eine Aussicht auf gute Erträge dar. Fondsgebundene Produkte stehen und fallen mit ihrer Kapitalanlage und der Kostenstruktur dahinter. Achten Sie zusätzlich darauf, inwiefern Ihnen Garantien wichtig sind. Sind Sie bereit, Verlustrisiken selbst zu tragen, können Sie auch mit Altersvorsorge im Versicherungsmantel ein gutes Geschäft machen.

Denn den höheren Kosten als bei einer freien Kapitalanlage stehen wiederum zwei Argumente entgegen: Erstens die steuerliche Begünstigung von Versicherungen, die eine länger als 12-jährige Laufzeit aufweisen und nach dem 60. Lebensjahr als

Rente ausgezahlt werden können. Anders als bei Kapitalerträgen kommt hier Ihr persönlicher Steuersatz, nicht die pauschale Kapitalertragssteuer auf den Ertragsanteil der Rente, zum Tragen. Sollten Sie Ihr Kapitalwahlrecht ausüben wollen, wird darüber hinaus nur die Hälfte der Erträge überhaupt besteuert. Zweitens kann nur die Lebensversicherung das biometrische Risiko der Langlebigkeit absichern. Sollten Sie also länger leben, als Ihr aufgebautes Kapital reicht, kann nur eine Lebensversicherung Ihnen die Fortzahlung der Rente ohne Einschränkungen garantieren.

Schließlich gibt es in der Versicherung auch Anlagemöglichkeiten, die in der freien Anlage nicht verfügbar sind, wie die Indexpartizipation oder die Hybridmodelle. Dabei verzichten Sie auf einen Teil Ihrer Ertragschancen, zugunsten vollständiger oder teilweiser Garantien der eingezahlten Prämien. Hier sollten Sie sich weder von Verbraucherschützern noch von Versicherungen und deren Vertretern zu sehr beeinflussen lassen. Machen Sie sich Gedanken, was Ihnen wichtig ist, recherchieren Sie sorgfältig dazu und schließen Sie keine Versicherung ab, die Sie nicht jemand anderem erklären könnten, sodass dieser es versteht.. Dies gilt ebenfalls für die geförderten Versicherungen.

Die Riesterrente steht zwar aufgrund ihrer (un)verhältnismäßig hohen Kostenstruktur zu Recht in der Kritik, doch kann dennoch die steuerliche Abzugsfähigkeit für Gutverdiener bzw. die hohen Zulagen etwa für alleinerziehende Geringverdiener bei entsprechender Anlageform trotzdem zu attraktiven Vertragskonditionen führen.

Die Basis- oder Rüruprente ist dagegen allgemein deutlich kostengünstiger, aber auch sehr unflexibel, sie kann so nur an den Versicherungsnehmer, der auch versicherte Person sein muss, und auch nur als lebenslange Rente zur Auszahlung kommen. Gleichzeitig sind Ihre Beiträge fast vollständig steuerlich absetzbar bis zum Maximalbeitrag zur gesetzlichen Rentenversicherung, 2020 immerhin 25.046 €, und auch Vertragsmodelle ohne teure Garantien sind möglich, was insbesondere für Besserverdienende mit hohen Steuersätzen interessant sein kann.

Das bedeutet auch, dass sie sich bei gutverdienenden Verheirateten, die gemeinsam steuerlich veranlagt werden, zur Hinterbliebenenabsicherung mit steuerlicher Begünstigung eignet. Hat Ehepartner A ein deutlich höheres Einkommen als Ehepartner B, und demnach eine relativ hohe gesetzliche Rente zu erwarten, kann für Ehepartner B eine Rüruprente mit hoher Prämie vereinbart werden.

Verstirbt Partner A zuerst, hat Partner B noch immer die hohe Rüruprente. Verstirbt Partner B früher, so hat der besserverdienende Partner A seine höhere gesetzliche Rente. Für ein Ehepaar verdoppelt sich außerdem der Höchstbetrag, sodass bis zu 50.092 € jährlich (2020) steuerlich begünstigt eingesetzt werden können, inklusive etwaigen Beiträgen zur gesetzlichen Rentenversicherung.

Vermögensbildende Lebensversicherungen
Vermögensbildende Lebensversicherungen sind im Allgemeinen wenig sinnvoll. Sie sind fast immer festverzinslich und eine besonders unflexible Möglichkeit, Kapital aufzubauen. Eine der wenigen plausiblen Einsatzmöglichkeiten können Vermögensbildende Lebensversicherungen sein, wenn Sie Ihre Vermögenswirksamen Leistungen nach dem Vermögensbildungsgesetz darin anlegen wollen, weil Sie diese nicht in eine betriebliche Altersvorsorge oder

einen Bausparvertrag investieren können oder wollen, z.B. weil die Konditionen für Ihre Betriebsrente schlecht sind oder Sie am Immobilienerwerb kein Interesse haben.

Achten Sie hier darauf, dass zumindest die Überschüsse am Kapitalmarkt angelegt werden können. Ferner sollten Sie sich nicht leichtfertig zur Kündigung von Altverträgen mit hohen garantierten Zinsen von teilweise über 4 % hinreißen und schon gar nicht überreden lassen. Solche Altverträge, wenn sie vor 2005 abgeschlossen sind, kommen darüber hinaus vollständig steuerfrei zur Auszahlung.

Ambulante und stationäre Krankenzusatzversicherungen

Solche Versicherungen sind eindeutig Luxusprodukte. Gleichwohl kann und sollte Ihnen niemand Luxus verbieten. Wenn Sie gesetzlich versichert sind, aber im Krankenhaus trotzdem bevorzug behandelt werden möchten, können Sie eine stationäre Zusatzversicherung abschließen.

Häufig sind darin auch weitere Extras enthalten, wie z.B. freie Krankenhauswahl und Leistungen von stationären Kur- und Rehamaßnahmen. Achten Sie darauf, wenn möglich einen Tarif zu wählen, der Altersrückstellungen bildet. Dieser ist dann zwar anfänglich teurer, sein Beitrag steigt aber nicht mit Ihrem Alter außerhalb bedingungsgemäßer Beitragsanpassungen, sodass Sie insgesamt eine geringere Beitragssumme stemmen müssen.

Ambulante Zusatzversicherungen sind ebenfalls nicht notwendig. Sie leisten für Heilmethoden außerhalb der Leistungen der gesetzlichen Krankenkassen, die häufig zwar notwendig, aber selten nicht trotzdem erschwinglich sind, wie z.B. Brillen oder Massagen. Generell werden bei solchen Versicherungen bereits diagnostizierte Krankheiten meist ausgeschlossen oder mit empfindlichen Risikozuschlagen belegt.

Sterbegeldversicherungen
Sterbegeldversicherungen sind ebenfalls relativ teuer, da sie kaum Gesundheitsfragen voraussetzten und ihr Versicherungsfall stark eingeschränkt ist: Nur wenn Sie versterben, bevor Sie die Versicherungssumme angespart haben, bekommen Ihre Hinterbliebenen einen echten Nutzen. Haben Sie hingegen für den Fall Ihres Todes und für Ihren Ruhestand

sorgfältig vorgesorgt, sollte Ihre Beisetzung Ihr Erbe nicht allzu schwer belasten. Seien sie dabei vorsichtig, wenn Sie sich z.B. von einem Bestatter zum Thema Bestattungsvorsorge beraten lassen. Auch diese möchten Ihnen teilweise gerne Sterbegeldversicherungen verkaufen.

Auslandsreise-Krankenversicherungen

Eine Auslandsreise-Krankenversicherung trägt die Kosten für notwendige medizinische Maßnahmen im Ausland über die Leistung der gesetzlichen Krankenkasse hinaus. Das bedeutet, Sie benötigen nur eine, wenn Sie ins Ausland reisen, dann jedoch kann sie häufig sinnvoll sein, denn in vielen typischen Reiseländern ist der medizinische Standard und die Regelversorgung durch die örtlichen Gesundheits- und Sozialversicherungssysteme merklich schlechter als in Deutschland.

Hier kann es tatsächlich sehr vorteilhaft sein, als Privatpatient behandelt zu werden, im Zweifelsfall auch zurücktransportiert sowie im Krankheitsfall durch die oft enthaltenen Assistance-Leistungen, wie Dolmetscherservices und schneller finanzieller Hilfe, unterstützt zu werden. Achten Sie jedoch darauf, ob Sie solch eine Versicherung nicht ohnehin schon haben: Häufig ist sie in Automobilclub-Mitgliedschaften, anderen Krankenzusatzversicherungen oder Ihrer Kreditkarte mit enthalten.

Tierkrankenversicherungen

Ein letzter Vertreter der Luxus-Kategorie. Tierkrankenversicherungen sollen Tierarztkosten übernehmen. Jedoch sind sie häufig mit erheblichen Selbstbeteiligungen, Deckelungen auf Höchstsummen oder Ausschluss von z.B. Operationen verbunden.

Um einen vollständigen und leistungsfähigen Gesundheitsschutz für Ihren Vierbeiner zu gewährleisten, sind so häufig Prämien weit über 100 € monatlich fällig. Dabei liegen die durchschnittlichen Tierarztkosten im Verlauf eines Hundelebens eher zwischen 1.000 € und 2.000 €. Allein rechnerisch sind Sie also meist besser aufgestellt, wenn Sie für solche Kosten ein separates Konto anlegen, das Sie regelmäßig besparen. Dies ist einer der wenigen Fälle, da wir aufgrund des teilweisen krassen Missverhältnisses zwischen Prämie und Leistung davon sprechen können, dass sich diese Versicherung im Regelfall schlicht nicht lohnt.

Neuabschluss, Kündigung und was sonst noch wichtig ist

Nachdem Sie nun einen Überblick über Ihren Versicherungsbedarf und Ihren Bestand haben, nachdem Sie wissen, welche Versicherungen Ihnen fehlen, welche Sie anpassen wollen und welche Sie abstoßen bzw. durch bessere Lösungen ersetzten wollen, wagen wir einen Aus–

blick auf Ihre nächsten Schritte. Wägen Sie zunächst ab, ob Sie Ihre Versicherungen selbst abschließen wollen, oder sich an einen Vermittler wenden.

Ist ersteres der Fall, können Sie, da niemand für die Beratungsarbeit bezahlt werden muss, teilweise günstigere Prämien oder höhere Ablaufleistungen erzielen. Prüfen Sie allerdings sorgfältig, ob Sie tatsächlich direkt abschließen. Nutzen Sie beispielsweise eines der Vergleichsportale, so ist dieses meistens der Vermittler, der auch die Provision erhält, sozusagen als Kompensation für die Vergleichsleistungen. Außerdem sollten Sie beachten, dass Sie ohne einen Vermittler niemanden für Fehler beim Abschluss belangen können und Sie auf den Service, den gute Vermittler bieten, verzichten müssen. Nicht umsonst wird mittlerweile von Vermittlern ein relativ hohes Maß an Aus- und Weiterbildung verlangt.

Entscheiden Sie sich für die Zusammenarbeit mit einem oder mehreren Vermittlern, ganz gleich, ob dies Makler sind, die rechtlich gesehen auf der Seite ihrer Kunden stehen, oder gebundenen Vertretern, die aus juristischer Sicht ihren Gesellschaften zugeordnet werden, sollten Sie vor allem auf Ihr Bauchgefühl achten. Versucht man, Sie zu etwas zu drängen, Sie zu manipulieren, unter Zeitdruck zu setzen oder weicht Fragen aus, sollten Sie dringend von einer Zusammenarbeit Abstand nehmen. Seriöses Verhalten ist immer von umfassenden Informationen, guter Kommunikation, Ehrlichkeit und Geduld geprägt. Nur ein Vermittler, der Ihnen gegenüber so auftritt, sollte Ihr Vertrauen bekommen. Haben Sie zum Beispiel den Eindruck, dass ein endgültiges „Nein" Ihrerseits nicht akzeptiert wird, sind sie definitiv in falschen Händen.

Achten Sie beim Neuabschluss darauf, dass alle Vertragsdetails Ihren Vorgaben entsprechen, bzw. dass Abweichungen begründet und für Sie nachvollziehbar und akzeptabel sind. Wichtig ist, dass alle Angaben im Antrag korrekt gemacht werden. Insbesondere bei Gesundheitsfragen sollten Sie sorgfältig sein und nichts verschweigen. Nehmen Sie es damit nicht so genau, ist Ihr kompletter Versicherungsschutz in Gefahr.

Auch hier gilt: Ein Vermittler, der nicht sorgfältig ist und Gesundheitsfragen übergeht, handelt nicht in Ihrem Interesse. Achten Sie außerdem auf Laufzeiten und Kündigungsfristen. Viele Schadenversicherungen mit modernem Bedingungswerk können einjährig abgeschlossen und danach monatlich oder sogar täglich gekündigt werden. Achten Sie hier darauf, sich nicht länger als notwendig an einen Vertrag zu binden. Nehmen Sie sich bei langfristigen Verträgen Zeit. Gehen Sie alles nochmal in Ruhe durch. Häufig ergeben sich nach einigen Stunden oder ein paar Tagen noch Fragen, die sie vor Abschluss klären möchten. Schieben sie jedoch gefasste Entschlüsse nicht unnötig auf die lange Bank. Prüfen sie, wenn Sie mit einem Vermittler zusammenarbeiten, die Beratungsdokumentation sorgfältig.

Kündigen Sie lange laufende Versicherungen nicht voreilig. Kündigungen sind bei langfristigen Verträgen häufig mit erheblichen Nachteilen verbunden. Viele Verträge können auch im Nachhinein umgestaltet werden oder Sie stellen sie beitragsfrei, sodass die bereits gezahlten Prämien nicht verloren gehen. Haben Sie das Gefühl, dass jemand sie zu einer Kündigung zugunsten eines Neuabschlusses überreden will, sollte das ein Alarmsignal sein.

Nicht nur ist es häufig zu Ihrem Nachteil, insbesondere wenn die Begründung unnötig kompliziert oder wenig stichhaltig erscheint, auch ist das aktive Abwerben von Lebens- und Krankenversicherungen wettbewerbsrechtlich nicht zulässig. Achten Sie bei Schadenversicherungen auf die Kündigungsfristen, diese sind längstens drei Monate zum Ende des Vertrags. Bei der KFZ-Versicherung ist dies abweichend davon kürzer, nur einem Monat und fast immer der 30. November, da hier das Versicherungsjahr dem Kalenderjahr entspricht. Nach einem Schadensfall oder nach einer Prämienerhöhung haben Sie zudem ein Sonderkündigungsrecht, das innerhalb eines Monats ab Schadenfall oder Mitteilung über die Erhöhung ausgeübt werden kann.

Halten Sie laufende Versicherungen auf dem aktuellen Stand. Passen Sie Ihre Versicherungsdaten an, wenn sich etwas ändert, nur so stellen Sie eine optimale Absicherung nach Ihren Bedürfnissen sicher. Entscheiden Sie bewusst, ob Sie eine regelmäßige dynamische Erhöhung annehmen oder ausschlagen wollen, z.B. auf Grundlage Ihrer Einkommensentwicklung.

Die meisten Dynamisierungen lassen sich bis zu zwei Mal in Folge ausschlagen, bevor sie vollständig aus dem Vertrag gestrichen werden. Heften Sie Ihre Versicherungsunterlagen sorgfältig ab, das hilft Ihnen und Ihrem Vermittler, falls Sie mit einem zusammenarbeiten. Falls Sie seit längerer Zeit privat krankenversichert und schon von einigen Beitragsanpassungen betroffen gewesen sind, bitten Sie den Versicherer um ein Angebot zum Wechsel in einen gleichwertigen, verkaufsoffenen Tarif.

Dieser muss Ihnen ohne Gesundheitsprüfung ermöglicht werden und kann teils erheblich günstiger sein. Nehmen Sie mindestens einmal im Jahr Ihren Versicherungsordner in die Hand, und zusätzlich, wenn sich etwas Bedeutsames in Ihrem Leben ändert, denn damit geht häufig eine Änderung ihres Bedarfs und der Risiken, vor denen Sie sich und andere schützen wollen, einher.

Wenn sie diesem Ratgeber folgend handeln, sind Sie wahrscheinlich besser aufgestellt als die allermeisten Haushalte in Deutschland. Sie können Über- und Unterversicherung vermeiden und sich eine persönliche Absicherungs- und Vorsorgestrategie zurechtlegen. Sie können Vermittlern auf Augenhöhe begegnen und haben in Zukunft bei Gedanken an Ihre Versicherungen hoffentlich ein gutes Gefühl.

Herstellung und Verlag:

BoD – Books on Demand, Norderstedt

ISBN: 9783751998864

© Thomas Gelder 2020

1. Auflage

Kontakt: Psiana eCom UG/ Berumer Str. 44/ 26844 Jemgum

Covergestaltung: Fenna Larsson

Coverfoto: depositphotos.com